Melhores Poemas

MARCO LUCCHESI

Direção de Edla van Steen

Melhores Poemas

MARCO LUCCHESI

Seleção e prefácio
AMADOR RIBEIRO NETO

São Paulo
2024

© Marco Lucchesi, 2024

1ª Edição, Global Editora, São Paulo 2024

Jefferson L. Alves – diretor editorial
Gustavo Henrique Tuna – gerente editorial
Flávio Samuel – gerente de produção
Jorisvo/Shutterstock (Torre de Babel, pintura de Pieter Brueghel, 'o Velho', criada em 1563) – imagem de capa
Equipe Global Editora – produção editorial e gráfica

Dados Internacionais de Catalogação na Publicação (CIP)
(Câmara Brasileira do Livro, SP, Brasil)

Lucchesi, Marco
 Melhores poemas : Marco Lucchesi / Marco Lucchesi ; seleção e prefácio Amador Ribeiro Neto. – 1. ed. – São Paulo : Global Editora, 2024.

 ISBN 978-65-5612-548-0

 1. Poesia brasileira I. Ribeiro Neto, Amador. II. Título.

24-191731 CDD-B869.1

Índices para catálogo sistemático:
1. Poesia : Literatura brasileira   B869.1

Aline Graziele Benitez - Bibliotecária - CRB-1/3129

Obra atualizada conforme o
NOVO ACORDO ORTOGRÁFICO DA LÍNGUA PORTUGUESA

Global Editora e Distribuidora Ltda.
Rua Pirapitingui, 111 – Liberdade
CEP 01508-020 – São Paulo – SP
Tel.: (11) 3277-7999
e-mail: global@globaleditora.com.br

 grupoeditorialglobal.com.br   @globaleditora

 /globaleditora   @globaleditora

 /globaleditora   /globaleditora

 blog.grupoeditorialglobal.com.br

Direitos reservados.
Colabore com a produção científica e cultural.
Proibida a reprodução total ou parcial desta
obra sem a autorização do editor.

Nº de Catálogo: **4465.POC**

Amador Ribeiro Neto nasceu em Caconde, São Paulo, em 1953. É professor titular de Teoria da Literatura no curso de Letras da Universidade Federal da Paraíba (UFPB). Graduou-se em Letras e apresentou a dissertação de mestrado em Teoria da Literatura e Literatura Comparada pela Universidade de São Paulo (USP). Defendeu doutoramento em Comunicação e Semiótica: Literatura, pela Pontifícia Universidade Católica de São Paulo (PUC-SP). Poeta, é autor de *Barrocidade* (2003), *Imagens & poemas* (com Roberto Coura, 2008), *Ahô-ô-ô-oxe* (2015) e *Poemail* (2019). Autor de *Lirismo com siso: notas sobre poesia brasileira contemporânea* (crítica, 2015). Organizador de *Turbilhões do tempo: notas sobre poesia digital* (ensaios, 2015); *A linguagem da poesia* (teoria; 2014); *Epifania da poesia* (crítica; 2012); *Muitos: outras leituras de Caetano Veloso* (crítica; 2010). Criador do blogue *Augusta Poesia: crítica de poesia brasileira contemporânea*. Assina a coluna Festas Semióticas em *A União/Correio das Artes*. Colunista do site *Musa Rara*. Pai de Mariana e Bernardo.

FINA FILIGRANA: A ARTE DE PLASMAR A PALAVRA

À GUISA DE PREFÁCIO

Lê-se Marco Lucchesi fluindo inspiração. Como leitor, sinto-me verdadeiramente inspirado – assim como era o desejo de outro grande poeta, Paul Valéry. A plasticidade das imagens, a tessitura dos versos, o uso da página em branco, a organização das ideias, entre outros recursos, enredam-me em lúdico requinte de múltiplos gozos.

A poesia cavalga do íntimo à flor da pele. À flor da mente.

Meu corpo, premido, exalta-se premiado. O intelecto, sorteado pela sensibilidade, parceiro da imaginação, sorri. Ri. *Ridente*.

A História funde-se com histórias e estórias. Navegações convertem-se ora em selvas selvagens, ora em Índias e terras afins – aonde chego guiado por programas de computadores de última geração. Ou búzios.

O lirismo lusitano de Camões e de Pessoa agrega-se ao do persa Rûmî. O do italiano Dante, ao do alemão Trakl e ao do romeno Mincu. O do Oriente ao do Ocidente. E assim por diante.

O encanto de sua poesia brota dos poros dos vocábulos e deslinda mistérios e belezas. Tudo flui e mana em abundância. Não há suspensão, vagareza ou impassibilidade. Cativa-me. Magnetiza-me. Sou seduzido. Amo.

Concluo: ou o leitor rende e entrega-se a ela, ou, na sequência, é vencido por sua imperativa amorosidade.

O infinito. O silêncio. Os desejos inconfessos. A órbita espacial. Os planetas. Os jogos amorosos. A complexidade humana. O mundo dos números. Os desejos do desejo. Corpos em cópula amorosa. As artes em interação semiótica. As relações religiosas. Míticas & Místicas. Arquétipos culturais. Mistérios individuais e coletivos. As buscas. As descobertas. Os encobertos. A palavra que diz e explica. O mistério da palavra--signo que significa o quê? Por quê? Para quê? Para quem? Em que circunstâncias? Os medos. Os segredos. A luz da praia interior de cada um em dia de amor. Nossas montanhas e reentrâncias.

Tive de fazer escolhas. Esboço alguns dos modos que segui. Menos que procedimentos, mais que escolhas ao léu. Algo entre a teoria literária e o repertório pessoal de um leitor de Marco Lucchesi. Vejamos.

No livro *Mal de amor*, o romantismo habita o inusitado caminho das geometrias, das marcas do verão, da luz, do destemor. O amor é vetor de propulsão. Por isso mesmo os poemas escolhidos seguem nessa direção. São flechas ao céu do cérebro emocionado.

Evitei, nesta seleção, citar fragmentos de poemas. É o caso do poema "Hospital Santa Cruz", de *Meridiano celeste*, que cito em fragmentos. Sua orquestração antológica da linguagem bandeireana, na primeira parte, leva o leitor a um clima terno-infantil e, ao final, a um baque com a brutal dicção à la Kaváfis, numa queda apocalíptica anticristã. Choques memoráveis estruturam-se, isomórficos à própria estrutura do poema, açulando a atenção à leitura das demais partes do poema.

Os longos poemas de *Sphera* são organizados em blocos concisos. "Averróis", por exemplo, é metaexplicativo: "Escrevo sem/ deixar vestígios// enquanto busco teus/ sinais ambíguos". A poesia que fala de si: metapoesia, metalinguagem, ambiguidade. E ainda a concisão tão querida por Pound. Temos a autorreferencialidade na citação de *Rebis*, seu livro de poemas, com ilustrações e projeto gráfico de Zenilton Gayoso (2018). Camões sonetista (desmedida, fogo que arde etc.), cultura popular (pavão misterioso, caçador e caça, Padre Cícero na lua etc.), novas teorias (supernova, entropia, nuvem de Oort), mitologia, filosofia, religiões etc. convidam o leitor a múltiplas reflexões/leituras. Enfim, está-se diante de um metapoema que celebra as múltiplas ciências e conhecimentos do grande Averróis.

Os demais poemas do volume são breves, explorando a espacialização e valorizando a sonoridade dos versos. Eis um recurso recorrente em Lucchesi, ora no uso dos versos – como aqui –, ora dos vocábulos, ou mesmo de fonemas.

"Clio", poema que também é título de um de seus livros, é o mais extenso do volume e volve-se nas águas da memória do sebastianismo dialogando com *Mensagem*, de Fernando Pessoa. O deslocamento das espacializações dos versos materializa e iconiza o movimento das viagens marítimas e oníricas de um eu lírico em eterna busca.

Nas anotações finais o poeta observa que o poema "deve ser lido sem interrupção". Por isso mesmo não transcrevemos nenhum fragmento seu. Fica o convite à sua leitura *in totum*. Quando o resenhei no ano do lançamento (2014), observei que era um dos mais significativos e belos livros dos últimos anos. Ratifico a avaliação à feliz e poética forma pela qual Lucchesi trabalha a linguagem em *Clio*, bem como à excelência de qualidade de sua obra no contexto de produção de poesia brasileira desde então até os dias atuais.

Mar Mussa deriva de *Deir Mar Musa*, nome do Mosteiro de São Moisés, o abissínio, localizado no deserto da Síria. O poema envolve um canto de dor e oração ao mosteiro pela via de mais de uma cultura religiosa. Na dimensão da linguagem que cultua a história humana, a poesia louva e chora – consoante e vaga – os percalços e acertos da vida.

A linguagem da poesia recupera a espessura do deserto e a esperança no golfo nas resiliências da vida.

Hinos matemáticos é livro que desafia o leitor com fórmulas matemáticas poucamente esclarecedoras, mas com formas poéticas que nos remetem à lição valéryana: poesia e matemática formam duas abas do mesmo chapéu. Todavia, Lucchesi vai além da equação aritmética: frisa a tessitura musical contida na matemática, a música a que toda poesia aspira a ser. Daí o título do livro: *Hinos*.

O poema "Lendo Hadamard", no uso das chaves e na supressão das vírgulas, em prol da ampliação do espaço e ênfase da respiração, grifa o ritmo que move a música. "Cantor" faz segunda voz com o poema de Gertrude Stein e terceira voz com a tradução visual de Augusto de Campos, numa apropriação neotropical(ista) da *klangfarbenmelodie* (*melodiatimbres*) de Schoenberg e Webern. O poema "$\sqrt{2}$" segue a mesma cadência numérico-musical e, como os anteriores, explora a tomada cinematográfica. Poesia, música, cinema: dança dos signos em festa.

Em *Bestiário*, os versos andam, dançam, pulam, serpenteiam pela página, juntos a um bando de animais – não animais de boutique –, nem de zoológico, mas animais que emprestam ao poeta inspiração para reler a literatura e a história e verter intertextualidades. A História Antiga é pretexto, ardil, dissimulação para desenhar a preguiça e o gato; a religião muçulmana, para a girafa; as artes plásticas, para o beija-flor. As profundezas marinhas associadas aos mistérios do cérebro moldam a figura do hipocampo, entre real (parte do cérebro) e lendária (o animal imaginário). Mozart constrói com sua música o Uirapuru. E as onomatopeias, feitas apenas por consoantes, iconizam ludicamente o hipopótamo.

Em "Leila", poema em prosa, o eu lírico, no exílio, dirige-se à amada em canto cuja linguagem iconiza sua dor e distância. O silêncio da distância é amenizado pelo uso dos verbos no presente do indicativo e pela dinâmica das situações. Tudo transcorre diante dos olhos do leitor, cinematograficamente, como se o diálogo aguardasse, a todo instante, a resposta de Leila. Tal recurso de linguagem gera, além da expectativa, a angústia da espera. A certeza da resposta, sempre protelada e que, ao fim, não chega, é construída com imagens reiteradas do deserto: aridez (6 vezes), fogo, chama, calor, silêncio, isolamento (8 vezes), noite, escuridão (10 vezes), angústia, insônia, aflição (11 vezes).

Alma Vênus, desde o título, homenageia Lucrécio, mas o poema que escolhemos é conversa que invoca Gregório de Matos ao diálogo para adiante chamar Drummond, não sem antes lembrar que a dor humana encontra contrapartida na dor divina. Nesse xadrez de emoções dos três poetas, como numa pintura renascentista, os movimentos das cores desenham sentimentos que oscilam entre chamas, rios, montanhas, aves, serafins e galáxias numa metamorfose hipnótica. O ritmo dos versos enfatiza a volúpia das imagens e ideias. O leitor sente na alma as palavras de Octavio Paz: *la poesía revela este mundo; crea otro*.

No poema "Bizâncio", homônimo ao título do livro, a fim de abordar as várias mudanças da cidade, o poeta vale-se de estrofes em prosa e em versos a fim de construir e desconstruir uma cidade que se transformou, ao longo do tempo, arquitetônica e socioculturalmente (sem ficar ilesa: Bizâncio, Constantinopla, Istambul). A figura dos minaretes registra alegrias, melancolias e transformações. O poeta colhe e registra as mudanças numa linguagem ora fluente, ora visualmente interrompida.

Dos livros de tradução, *Al-Ma'arrī: vestígios*, inédito, os poemas escolhidos são aforismos e encerram reflexões acerca da vida e da arte – em especial, a arte literária. São pérolas de concisão e riqueza filosófico-poética, raro momento em que filosofia e poesia associam-se sem que uma não se sobressaia à outra.

Sonetos marinistas, como o próprio título indica, reúne poemas italianos do século XVII, traduzidos com a maestria de quem conhece profundamente as duas línguas: a originária e a traduzida. Por isso o poeta brinca com o português, ao mesmo tempo casto e oral, sem ferir a leveza temática e musical do poema a ser traduzido. Os poemas escolhidos, apresentados sob a forma bilíngue, revelam a maestria do poeta tradutor, ou tradutor poeta. Em tempo: não há um poeta originário e outro tradutor. Ambos são um. Pessoanamente, Lucchesi assumiu a *persona* do poeta fingidor. Ele é um e dois. Leia-se a nota ao final dos poemas selecionados.

Em *Faces da utopia*, a linguagem da poesia é explorada de modo radical, ou seja, tomada pela raiz. Um bom exemplo é a produção selecionada de Khliébnikov, nome que se internacionalizou pelo uso dos neologismos, pelo rompimento da sintaxe, entre outros recursos. Aqui temos bons exemplos selecionados desses seus usos. Entre os poetas mais contemporâneos há Marin Miscu, que aborda o corriqueiro com o estranhamento de quem o encontra pela primeira vez. A teoria do russo V. Chklóvski é prazeroso convite para que o leitor (re)leia Miscu, Khliébnikov etc., a própria literatura, e as outras artes, sob novo olhar.

Lucchesi, na nota a *Al-Ma'arrī: vestígios*, ao justificar suas livres colheitas na produção de Abū al-'Alā' al-Ma'arrī (973-1057), observa que "não passam de conchas na areia de um mar inacabado". Na verdade, essa liberdade de (e do) poeta, movido por seu facho de luz, ilumina os caminhos do leitor. Nas conchas de Lucchesi, músicas são ouvidas, o mar conduz a viagens reflexivas, a filosofia fixa morada, as brisas trazem sons, imagens e ideias. E os leitores, com seus corpos acomodados em redes estiradas entre coqueiros nascidos nos quebra-ondas das praias, adentram o reino da poesia que nasce no Oriente e volve-se ao Ocidente para depois volver-se de volta e assim sucessivamente. De embalo em embalo.

A poesia de Marco Lucchesi é um dos memoráveis patrimônios de nossa produção artística. Ela vem tatuada na pele da mais fina sensibilidade. As revelações do mundo que opera, e a consequente instauração de uma linguagem própria, são luzes num mar jade sob azul celestial.

Sua poesia é puro lirismo arrebatador. Poucos conseguem, como ele, aliar ciência e sentimento, matemática e amor, erudição e leveza. Assim é, e não poderia ser diferente, em se tratando do poeta que há tanto tempo vem acendendo o céu de nossas bibliotecas, mentes e corações.

Amador Ribeiro Neto

POEMAS

MAL DE AMOR (2018)

Trazias dentro de ti as marcas do verão, a terra entreaberta e sufocada de calor.

As tramas reptícias do desejo. Toda a palavra é um abismo de luz. As sombras nos desvestem vagarosas e as unhas crescem rente à escuridão. Assoma inopinado o pelicano. Por onde começar?

Caminho sobre formas circulares, nas zonas refratárias do silêncio. Rumo ao prenúncio inabordável dos gerânios. Eu guardo um destemido canto de beleza.

A fria dissonância das vogais. Tua nudez recorre a mantos de silêncio. Grito (Eurídice! Eurídice!) para medir quanto me é surdo o próprio eco.

Fomes inúteis, marcas de silêncio, cruel, obstinado. *Céus escuros de metal*. Derramo um punhado de estrelas na boca da noite.

Sinto-me preso a uma esfera dissolvente. Como se não houvesse mais distância, além do escasso domínio da pele. Névoa densa dentro da qual me decomponho. Como cobrar de ti as partes que me ferem e atravessam?

Pássaros de olhos negros, iguais aos teus. Prontos e agudos, como dardos, a arrancar não sei que estranho prodígio das coisas. Torvo. Sublime. Nefando apetite.

A teus medos sem lua eu me entrego.

O sono cintilante da manhã e o líquido cristal de seu orvalho. No bosque de romãs adolescentes, dois corpos se desmancham e se entrelaçam.

Um sol que me arrebata às Tordesilhas do desejo. Volúpias de uma súbita paixão ocidental.

MERIDIANO CELESTE
(2006, REVISTO EM 2015)

SÂDÎ

Seus versos

    vagam ao vento

      e seguem

  além dos lírios
    sob o clarão

    sereno do luar

Rabat, 1993

HOSPITAL SANTA CRUZ (FRAGMENTO)

I

Constança foi ao céu me visitar

    seu vestido era verde
como as pedras
    de Itacoatiara

Trazia nos olhos
    um canarinho
um buquê de flores
e os seios de minha mãe

Soprou em meus pulmões
    como quem salva um

    afogado

nas terras ínvias do coração

inundadas

    de pranto e algaravia

Deitou ali todas as flores

    como se fosse o Éden

num céu terrivelmente

    azul

(havemos

    todos de ressuscitar

um dia sob esse mesmo

    azul)

O vento de meus pulmões

    canta e silencia

recua e avança

Não escondo minhas lágrimas
    Jesus também chorou
no Jardim das Oliveiras

A vida é um arquipélago
    de amor atormentado

uma Roma
    que se debate em delírios

enquanto espera
    a chegada dos bárbaros

ou a vinda
    fulminante do Messias

RÛMÎ

A lua resplandece

    majestosa

como a fúlgida

    espada de Djelal

Cairo, 1996

SPHERA
(2003, COM VARIANTES, E 2016)

A *IBN 'ARABI*

aqui me sinto

mais

substantivo e beijo

a pedra

rude

que te guarda

                                      Damasco, 24 Hégira 1420, Zul ka'adah

AVERRÓIS

Me afogo
no mar
da divindade

sem nome
sem
rosto
e quantidade

O BOIEIRO E OS CÃES

de Caça da palavra seguem
a Ursa
eternamente
e mais
se atrevem na distância

de outras órbitas
nos rútilos
anéis de Berenice

onde
se perdem os contrafortes
da linguagem

A palavra e seu
destino seguem

como
a Via Láctea

para a constelação
de Hércules

ao sempre
suspirado cabo Não

Esse mar des

provido de azuis e

o mesmo

rosto em toda a parte

As nuvens de Oort
e as galáxias
longínquas

E os dias que
se a
diam na
fome da distância

E monstros
(e medusas)

se escondem no gélido
jardim

que teu olhar
não
se arrefeça

e que teus passos
não se arrestem

É inútil
fugir

do abismo
que

te abraça

Escrevo sem
deixar vestígios

enquanto busco teus
sinais
ambíguos

Prepara atentamente o magistério,
em fontes, pelicanos e atanores,
e acede cuidadoso ao ministério
com ácidos, solventes e licores.
Vigia bem teu sublimado império
de líquidas fronteiras, e os amores
de reis e de rainhas, no mistério
de cópulas ardentes e vapores.
Aos poucos se revela no tugúrio,
erguendo o poderoso caduceu,
a fúlgida presença de Mercúrio.
E sob as nuvens químicas do céu,
na superfície desse mar sulfúreo,
emerge luminoso o próprio eu.

Todas as coisas
fogem
de tudo eternamente

e apenas sobre
vive o risco da distância

E a soma das distâncias

que me ferem
mal

se compara ao
silêncio

que
me assalta

Como arrancar
do nada a pele

do silêncio
o verbo i
material levado

por demônios mais sutis?

Não se move
e avança

Não começa
e termina

O seu pensar consiste
em não pensar

Está em toda
a parte e não
está
em parte alguma

É visível e não
se mostra

Seu remédio não

cura

Seu fogo
não arde

Em toda a sua
medida

a desmedida

Como perder
se
em tanta claridade?

Não há segredo
algum no corpo da
palavra

Ou antes
ao combiná-la com verbos
e licores

ao dissolvê-la em
serpes
e dragões

ao sublimá-la
em vivos
atanores

transmuta-se
a palavra
no rebis misterioso

Mas e se
o rebis não passa

de um abismo
sem fundo

de um anjo
sem rosto

de um nada
sem Deus

Como atingir
essa
ilusão errante?

Deus
e a crisálida

amores
lepidópteros
habitam o amanhã

Do rosto não
sabemos mais
que o véu

do caçador não
mais que a caça

É madrugada
e assim tudo

descansa em toda a parte

Mais clara
mais fina
e mais suave

a noite
branca
de Casablanca

Mais rara
mais grave
a cada esquina

a noite
branca
de Casablanca

A natureza, em seu amor ardente,
no círculo da própria negação,
em ouro, pedra e sal ambivalente,
trabalha na perene transição.
Dissolve e coagula eternamente
a vida, que renasce, em floração,
da morte, como a lua refulgente,
surgindo na profunda escuridão.
Na síntese do velho Magofonte,
a vívida matéria se desfaz
em águas claras, na secreta fonte:
até que inesperada se refaz,
envolta, como a Uroburos insonte,
num círculo sutil que não se esfaz.

A vida toda e a pedra
que não tive

Quem sabe
a pedra

que perdi
foi sublimada

e assim me trans
formei na coisa amada

A supernova
que brilha pouco acima

de teus olhos e o café
que se resfria sobre
a mesa   Assim

opera em todos
os quadrantes
a lei terrível da entropia

Bebem os lábios
da noite a escura

saliva dos deuses

Surgem serpentes
de mercúrio
e aves brancas

Não és
o rio mas seu estado
peregrino

Não és
o vento mas
os lábios que o resfriam

Não és a
estrela mas o
vazio em que

desaba a escuridão

E sendo assim
antes de
tudo não és
nada

Além da numinosa
névoa

caminha o padre
Cícero

perdido
atrás da Lua

Juazeiro do Norte, 2000

CLIO
(2004, MODIFICADO EM 2017)

DELI

Vermelho fim de ocaso

o sol pôs-se a brilhar sobre a cidade antiga

    Havia apenas flores mortas

    nas ruas inquietas de teu coração

Tão rija a noite, como a pedra,

    e tanta a sua beleza: sem almas e

demônios que dissolvam o escuro dédalo

por onde choram nossos olhos.

CAMÕES

mais

belo

sol

quando

te

pões

nos rubros

mares

de Camões

CONTRASTE

as cordas

                                              tensas

                                    do destino

e o fundo

claro

dos teus olhos

MUITAS

nos meus domínios
insones

a gente
é pouca

e as alimárias
muitas

CONFISSÃO

Sou da pátria de fronteira
rei de Portugal e Algures.

Um monarca desigual
sem arautos nem bandeira.

Réu de Algarves Portugal
rei de Algures e Nenhures.

MAR MUSSA
(2015)

MORTE RITUAL

Arde em chamas a tenda de Abraão

Os deuses ébrios de festins sangrentos

A céu aberto os corpos ultrajados

E as aves de rapina mais robustas

LUZ SOBRE LUZ

Arrebatado pela noite escura
busca o amor de Leila e Majnun

O lampião efêmero de azeite
que não aclara sua obsessão
provém de uma intangível oliveira

A mesma luz esplende sobre a luz
O negro sol desponta em céu escuro

CANÇÃO

Um séquito de sombras

olhos de Medusa

O incontornável

círculo da morte

Caem os dentes

podres de Baal

Na falciforme

lua de Ramadã

o sangue

das crianças degoladas

ABUNA

Teu reino de pastor: bíblia de pedra

No seio do deserto: salmos líquidos

Issa e Ibrahim acercam-se de Paolo

E seu rebanho pasce em outros prados

SABAOTH

Não há lençóis para cobrir a morte

As lágrimas dos órfãos inocentes
não irrigam as vísceras da terra

O senhor dos exércitos partiu
alheio ao destino dos homens

DIÁRIO

Eu atravesso inerme essa espessura
Como saber
quem me dirá por mim?

ARAMAICO

Voz estelar e névoa transparente

Os venerandos ícones de outrora
amanheceram profanados

Um rastro de saliva sêmen sangue

A língua de Jesus agora é fel

Ma'alula nunca mais amanheceu

DEIR MAR MUSSA

Acima do deserto
sobrepaira
o carro triunfal do plenilúnio

ÉFESO

As flores ilusórias do deserto. Uma jovem de seios delicados e as formas circulares da espessura. Moradas que se abismam. Nasce na madrugada a rosa de Palmira. Seguimos para o golfo da linguagem: a brisa calma e as ínsulas estranhas. O porto que se estende além da noite. E o mar se transfigura no deserto. Três séculos depois numa caverna, Paolo desperta acompanhado pelos anjos.

HINOS MATEMÁTICOS
(2015)

CANTEIROS

Um fósforo desata momentâneo

os fios de uma noite sem estrelas

No céu azul de Samos

voam ímpares.

E os pares sobrenadam

nas águas claras do Ilissos

O jardim

o conjunto dos canteiros

e a floresta sombria e ilimitada

Como domar a astúcia do infinito?

BUSCA DE OURO

As lavras minerais que não terminam

Ouro nativo   e   ganga impura

espólio inabordável entre 0 e 1

LENDO HADAMARD

Perdem-se os primos {venerandos números}
quando num bosque em plena madrugada
sob a lira cintilante de Orfeu
põem-se a bailar mais bravos e dispersos

O imaginário
{nuvem bosque pensamento}:
atalho cristalino da matemática

CANTOR

Uma rosa é uma rosa
 uma rosa   uma rosa
 uma   uma
 rosa   rosa
  o   o
  o   o
  –   –
  .   .

 ∞   ∞

  Não se

  desfaz
  em bruma
  tanta
  glória
  . . .
  . . .
  .
  .
  .

TRANSFINITO

A solfa dos passarinhos madrugadores

e o canto equipotente dos conjuntos

(quase corsários números sem alma)

Um canto de raízes minerais

que os anjos da cabala tornam

mais   límpido
          l m p d

e   sereno
          s r n

$$\sqrt{2}$$

Em águas claras   mansas   aparentes

flutua a jovem raiz quadrada de dois

Chegam intempestivas   gélidas   correntes

Alguém se afoga

na solidão

impérvia dessas águas

em zonas turvas

intangíveis

abissais

BESTIÁRIO (2015)

BESTIARIO (2015)

GATO

Lambe

    com olhos

    lânguidos

as províncias
    do sono

    e as feras fulvas

que assomam
no palácio
de Dário

GIRAFA

Passeia
    nas páginas

do alcorão sagrado

em
    lindos
    tanques

em
    verdes
    prados

Sufi pernalta
mudo minarete

  Bebe os versos do

profeta
      em vertigem

        de ascensão

ELEFANTE

Suave

arquimandrita

    flor do plenilúnio

    A solidão amena

      em que te perdes

        e a fúlgida

palavra que te aflige

A tromba hierática

    de Deus

bufando

nas límpidas

alturas

UIRAPURU

Nos verdes ramos
   o bel-canto
    apura

Mozart da floresta
    Príncipe
    gentil

À Rainha
   da Noite
não dá trégua

Pois sem
Pamina vive
mais triste e mais saudoso

HIPUPIARA

Leva-me
   em teus braços
     sereia
    daquém mar

Dá-me a escondida
    pérola
    de tua
    jarra
Monstro
   de rara

   beleza

Afrodite

dos mares do sul

JARARACA

Surge

   um poema

em forma de serpente

   no fundo

de uma selva insone

Sonda

o veneno

   do silêncio

E morde

   vorazmente

a própria cauda

   nas entranhas

   sensíveis da palavra

HIPOPÓTAMO

bfftug   ñtrund
   rduff
  thvusff

     ngwu trkt
bfftug ñtrund
   thvusff

ndpufffffffffff

BOI

Tive um boi

  na minha infância

    boi trazido

  pelo vento

    Boinuvem

seu mugido

  era intangível

e os olhos

  lassos

cheios de piedade

    Boitempo

de uma infância

que não passa

JACARÉ

Dorme de pedra

   dúctil

   o monstro

  sem dormir

     Ave rastejante

     flor intempestiva

Dorme de pedra

  dúctil

  mas não sonha

   E deita

    o pranto

    ausente

nas lágrimas

   de fogo

      e rebeldia

LEÃO

Fera sublime
    das analogias

Palavra
    que se adensa
        na palavra

Demora
    no plural
        das espessuras

nos passos
        de veludo
    nas garras afiadas

Da fome
    atemporal

não leva
    mais
que o nome

ÁGUIA

Nas montanhas

    do tempo

        sopram

os ventos de Hölderlin

e anunciam

    na miragem

    das águias

    a vinda

    luminosa dos antigos

    deuses

LEILA (2000)

... mas, Leila, esta sede insaciável, este poço seco e profundo como a escada de Jacó, esta queimação de mil incêndios, que ardem invisíveis no coração, este fogo de sombra e de medo, esta paisagem de incandescência, esta língua áspera dos lobos, que circundam nossas cabras, indiferentes ao fogo que nos consome, o calor que estas rochas zelosamente guardam para si, tudo me atormenta, Leila; e sinto arder a força de mil vórtices, o ímpeto de mil naufrágios, o céu desta melancolia, por onde saraivam surdas tempestades: eis-me perdido neste deserto de pedra e assombro, perdido neste silêncio que me dá vertigens, no qual desconheço meu nome, desespero da vida, e esta janela que dá para o abismo; a vela que se extingue, e a história da noite, da noite funda e irreparável, este prefácio de angústia, e esta insônia aterradora, que me acompanham dia e noite, Leila: e me perco, dentro de minhas cidadelas, em meio aos desertos sombrios, procurando um rastro, porque ao menos um rastro, ao menos um sinal, em alguma parte hei de encontrar; e sinto as cabras, que sabem o valor da prontidão, e fincam suas patas sobre estas rochas íngremes e despojadas, agora que é noite, e que das cabras chegam apenas sinos intermitentes: uma hora da manhã, e a vela que se extingue: tremo, porque sinto um abismo que me convoca, os olhos negros do abismo, esta minha janela, esta minha paixão das alturas, agora que é noite e que as estrelas parecem feitas de gelo; meus fantasmas e eu seguimos equivocados, não passamos de um equívoco, eu e meus fantasmas; mas esta garganta que dá para o nada, e a minha garganta, e esta minha sede, e o leite das cabras, e a língua dos lobos, gazelas e caçadores: todos passam por estas bandas, enquanto, sob este céu de estrelas, sou um caçador desprovido de caça, uma sede desprovida de água, noite sem trégua, sonho sem sono; e por isso, Leila, pela força dessas circunstâncias que me abatem, pelo clamor desta sede, que me aterra, pela promessa desses ventos, que me atordoam, pelas sombras abissais, que me devoram, ajuda-me, eu te imploro, ajuda-me a conhecer o substrato, ajuda-me a conhecer o sinal, a ultrapassar a escuridão, por força e graça dessa mesma escuridão; e já me vejo perseguido pelos lobos, gazela assaltada por mil caçadores, longe do rebanho: ajuda-me, Leila, a voltar ao centro, às solidões de meus invernos, ao deserto de meus verões, que me impedem o centro; eu espero, espero obstinadamente, a promessa de todos os fins, a cabra que sacrificamos de manhã, as velas que se extinguiram, diante de minhas lágrimas, prostrado a implorar do alto destas rochas, aos primeiros monges, aos anjos, misericórdia e redenção: todos os motivos, todas as chaves, todas as passagens da noite (vastos corredores, portas indecifráveis, que dão para o nada, que seguem para o nada, como esta minha janela, diante do abismo)... Sim, Leila: são esses mil pássaros do silêncio, esses mil girassóis noturnos, que me assombram, e me desterram, e que demandam a beleza das virgens, com suas lâmpadas votivas, com suas lâmpadas de fogo, enquanto ardem de desejo, de puro desejo, acrisolado na chama da espera; e assim, fora possível cortar o silêncio, a treva espessa e corrosiva, que se adensa com astúcia de mil serpentes, emboscadas num olhar de sombras e lianas; silêncio que se abisma vertiginosamente ao fundo de um silêncio mais fundo, de sombras e lianas, cuja espessura poderá ser vencida somente pela espera das virgens, magoadas de ausência; vamos, Leila, eu te peço, ajuda-me a vencer estas solidões, este rebanho do medo, esta matilha da melancolia, esta errância pelo esquecimento e abandono, cujas noites são inauguradas com o sangue dos dias, a circular nas veias do tempo, além das circunstâncias íntimas e severas que me fazem pressentir o mundo, a emergir das pedras da Síria...

ALMA VÊNUS
(2001, REVISTO EM 2008)

GHIMEL

A parte de
uma parte

em muitas
se reparte

tal como
o Sol poente

nos raios
derradeiros

e assim
a dor que sentes

é apenas
uma parte

esquiva
de outro mal

Tão nobre
como a tua

a dor de
teu irmão

tão nobre
quanto a dele

a dor
que aflige
a Deus

E assim
já não conheces
mais limites

que o todo
é apenas parte

de nova
contraparte

saudoso
de outro mal

A SUPERFÍCIE DO NÃO

Corre na superfície
das águas
a impermanência

e volta solitária
ao coração
dos deuses

Corre na superfície
e no abismo das coisas
a semear as formas

de um tempo inacabado
Corre nos céus
nos vales e montanhas

a vasculhar ruínas
de tardes abrasadas onde queimam
arroios e correntes que não seguem

para o mar
Ardem
serafins num céu em chamas

à procura de um semblante
na forma
de um incêndio obstinado

a sondar o curso
do rio   das estrelas

e os rumos
dilatados da galáxia

Aves i
nascidas
para o azul

trazem nas plumas
do nada o impulso
de uma fera arribação

Um destino antes de ser
uma enteléquia de sombras
a perscrutar
a solidão dessas montanhas

As árvores
dobram-se mudas
dobram-se ao peso
dos frutos
que túmidos
rebentam como a vida:

os números-ideias
a superfície do *não*
e dos *mas*

Pedras
amores
e pássaros

seguem
num estado
quase

i
nascidos
nebulosos

No semblante
de negros
serafins:

olhos
que deixam
as trevas

E a força
dessas águas
rege o mundo
antes do verbo e do silêncio

Uma progênie
há de reinar além
das extensões da Terra

E seus olhos
atingem
a linfa dos corpos

a forma
impressentida
de um semblante:

que afinal
tudo
é *quase*

na obscura
metamorfose
dos deuses

A JORGE DE LIMA

Sublime
teu poema
de sal-gema

São ilhas
solitárias
tordesilhas

que afloram
à superfície
de teus mares

na úmida
espessura
desses ares

Sublime
teu poema
soberano

que segue
bem de perto
o lusitano

Sem chaves
um pastor
desapossado

com seu rebanho
claro
e imaculado

de verbo
de mistério
de palavra:

no fúlgido
tesouro
dessa lavra

Teu canto
pluriforme
e solidário
de cujas
extensões
és donatário

funda uma
nova Atlântida
perdida

no teu sonhar
de lírio
e renascida

aos raios
de um luar
incandescente.

A QUARTA PAREDE

Esta foi a bela
e preciosa lição
de Mann e de Bohr
de sua mecânica
sublime

outrora dissonante
hoje tão bela

A máquina
do mundo

flutua
em mil
pedaços

partículas   sabores

E o nada

    sobrenada
  entre infinitos
      infinitos

UBI ES, VITA

O sono de Leopardi
o verbo de Clarice
e a sombra de Cioran

Vida vida
eis o botim
dos que reclamam vida

LEONARDO

Como buscar a ideia sublimada,
a insólita paisagem árdua e pura,
sonhada pela mente enamorada
nos veios ásperos de pedra dura?
Como sofrer em plena madrugada
o fogo da verdade que tortura
aquele que pressente o frio do nada
nas formas peregrinas que procura?
Que a chama sublimada se resfria
na longa solidão que nos impinge
essa esperança vã, essa agonia.
A ideia soberana não se atinge:
a um laivo apenas, uma algaravia,
a tanto nossa mente se restringe.

MACHINA DEI

Procuro o centro de circunferência
e as fundas dimensões de sua aurora,
de cujos raios brilha a iridescência
do álgido mistério que devora
o círculo da própria ambivalência:
não movido motor, ocaso e aurora,
causa sem causa – pura defluência
da altura solitária em que demora.
E as pontas invisíveis do compasso
circundam nossa rude compreensão,
marcando o soberano descompasso
de tanta e prodigiosa elevação:
o não poder jamais ver este lasso
abismo de amargura e da aflição.

CANTIGA DE AMOR

Quando os objetos da Terra perdiam seu encanto, restavam para mim os céus...
Johann Lambert

Acima de nós
tudo é silêncio

Erram planetas
insones

Abismos
devoram estrelas

Lagos
de hidrogênio
se resfriam

Supernovas
cantam
como cisnes

E o silêncio
revela
outro silêncio

– Olha para o céu
amada

Olha e não diz nada

AS PLÊIADES

São mais de mil
demônios
que povoam

(estrelas
solitárias!)

o vórtice
da noite

Órion
volta
para as Plêiades

seu arco
luminoso

E a flecha
pontiaguda

torna mais fria
e mais espessa
nossa dor

Súbita
flecha:

fere e arrebata
os mais
de mil demônios

que
povoam

no vórtice
do tempo
a noite fria

Basel, 4.3.94

BIZÂNCIO (1997)

A CHAMA DA ESPERA

Foi em Üsküdar – onde esperava a cessação da madrugada, náufraga e tardia: suas asas haviam deixado de ruflar sobre a Terra, preparando a fulminante travessia da manhã, no sonho das coisas que haviam de ser, com seus arroubos de pranto e desterro

Como que uma luz
difusa e alvadia
custasse
a romper a escuridão
que os diáfanos
vitrais
fariam supor

(o branco
da Frígia
o azul
do Líbano)

nos primeiros
raios
tímidos
e desvestidos
da aurora
pois Istambul
sabe
amanhecer
constelada

de minaretes e luas
vermelhas

Os vitrais da igreja eram soberbos e a nave trescalava um rude aroma de incenso, a festejar os ícones, dos quais o solitário podia lobrigar apenas a auréola. Como se lhes faltasse o próprio rosto, devorado pela treva, máquina de subtração, desejo insaciado de morte, enquanto sonha

um novo eu
outro mundo
outra idade

no doloroso
mais
que lhe dissolve
os ossos:

mais terra
mais água
mais ferro

para forjar os
céus   vales
e montanhas
do mar negro

O solitário segue o mapa dos fantasmas, marcado pelas mãos dos que se atrevem a navegar em rubros mares, como Jasão e companheiros, na confluência do Bósforo, onde pássaros de asas espalmadas vigiam áspides que esperam as vítimas, para desligá-las da

província onde começa a vida, e abrir as férreas
portas do sono e obrigá-las (ó triste violência!)
a percorrer átrios e jardins pungentes e sofrer a
aparência desse mundo, onde morrem

camilas
helenas
medeias

sob o céu da noite fria
onde as coisas
choram

A MEMÓRIA DO ANJO

Eis a bela corredeira onde o jardim serve de abrigo e obstáculo, em que ressuma o amarelo, rei dos dias, embora triste e passageiro seu reinado sobre as flores do inverno, que acolhe outros súditos, além de humanos, solfas de passarinho, frêmitos de sombra, eflúvios matutinos.

Seguem
as águas
do Bósforo
sem desesperar
do próprio curso
a libertar-se em fundos
mares que acolhem

manhãs vigilantes
resíduos
de estelas e corcéis
de fogo

Camila:
mar de evocação
e plenilúnio

A melancolia dos rios
a melancolia das tardes
a melancolia dos lírios
a melancolia
de um deus ausente

E o solitário a
lavar
seus pés
num sonho
de mirtos
e de rosas

para trazer
de volta
um deus nenhum
ao curso
dos rios e dos astros

(ilusão
passageira
de fulgor e plenitude
no corpo de Camila)

Quando, na harmonia das essências primordiais
os signos desconheciam rotação, espelhos que
eram da divindade refletida, quando as estrelas,
e o curso dos rios, e as flores formavam um
só destino, e quando a equivocidade do ser
tornava-se dual e imponderável, Camila era
apenas forma, vontade, antemanhã do espírito.

Morre-me
aos poucos
İstambul

nos minaretes
despidos
na madrugada

nos seios
de Camila
atemporais

SONETOS MARINISTAS (1997)

Vós descobristes ao mundo o que ele era,
e eu vos descubro a vós, o que haveis de ser.
Antonio Vieira

Deh, qual furente nume sì rubella
a l'amor mio ti fe', ché già abborrí
il mio penar, i miei sospir, o fella,
e la mia nera sorte non soccorri?

Ne l'imo di cotal mesta procella
io ben veggio ch'al mio vascel non corri
a darmi il chiaro sol di tua favella
e ne l'amaro oblio di me tu incorri.

Ahimé! Ne' laberinti acquosi io vivo
ad aspettarti, o mai crudel consorte,
e se di nembi d'or alfin son privo,

e la mia trista, ruda, avara sorte
mi toglie alfin ogni piacer retrivo,
impari anch'essa ad abbracciar la morte.

Dês que vos conheci, ó minha Senhora,
eu vivo amargurado, em gran tristura,
pois sei que em vosso fero olhar demora
a sombra em que meu triste amor se apura.

Tam saudosa de vós, minh'alma implora
que cesse, alfim, tamanha desventura,
tamanha noute sem brilhar de aurora,
de que minh'alma tanto se amargura.

Aquebrantai, por fim, vossa esquivança,
não me deixai tam triste & descuidado:
pois, que me val viver dessa esperança

pera sofrer assi, desconsolado,
o grave desfavor de vossa herança,
de cujo amor me volto deserdado?

La notte è chiara e di soavi accenti
s'ingentilisce da' baglior di stelle;
di gigli profumati sono i venti,
di viole le colline son più belle.

Vedovo e privo di fatal torrenti,
respira 'l fiumicel aure novelle
a rispecchiar, tra madidi lamenti,
le stelle in ciel; e 'ndarno verso quelle,

innalzan gli usignol il dolce canto,
alle spere del ciel sì bello e puro,
e stendon su la terra un tristo manto
d'abisso e di silenzio malsecuro,
e 'l mio desir nel suo silenzio ammanto,
e fassi 'l mio dolor più grave e scuro.

Na clara fonte estáveis, Filomena.
tam bela, tam suave & tam fermosa,
após dormir num prado de açucena,
sonhando mirto e pétalas de rosa.

Mester fora olvidar sublime cena
que pera mi, Senhora é desditosa:
ao ver-vos junto à fonte tam serena,
minh'alma se consome suspirosa.

Pesar de vossa triste negação,
cruel Senhora, e tanta imanidade
com que martirizais meu coração,

a vós confio a minha liberdade,
pois se não pordes fim à servidão
de meu baldado e triste amor, quem há-de?

Sotto i nembi d'amor, pe' campi d'oro,
i zefiretti delle selve ombrose
destan ricordi al cor, dolce martoro;
e passo le giornate venturose

a rammentar la dea cui tanto adoro,
assiso in grembo a le verdure ascose,
mentre dal nido un augellin canoro
mi fa languir tra gelsomini e rose.

Nel prato boschereccio ove m'assonno
veggio 'l castel d'amor schiuder le porte
delle vaghezze che durar ben ponno,

finché lo tristo passo della morte
a sigillar s'appresti il grave sonno
di questa vita di caduca sorte.

Minha Senhora passava dantre as flores,
fermosa e delicada como a aurora,
num gracioso dédalo de olores,
não sei se do jardim ou da senhora.

Perdida nesse campo de esplandores,
cuidando do vergel, hora per hora,
minha Senhora olvida meus travores,
dês que foi presa polo amor de Flora.

Farto me vou de arbustos e de espinhos
com que vossa fereza caricia
os meus suspiros pobres e mesquinhos.

Como sofrer, Senhora, essa agonia,
se já não cantam mais os passarinhos,
agora que é chegado o fim do dia?

Cinzia, non indugiar, già soffia 'l vento,
e' dolci rai de l'alba senza velo
c'invitano a solcar mari d'argento,
poiché gentile e senza nube è 'l cielo.

Ogni periglio della notte è spento,
gli austri, la pioggia, i toni, i lampi, il gelo,
e omai di pace 'l mar spira un concento
sì dolce, e di dolzore già m'invelo

ver l'isola d'amor su questa barca,
d'amorosetti spirti e d'or contesta,
al vento mite che la vela inarca.

Cinzia, non indugiar, fatti più presta,
prima che tagli i fil la cruda Parca
di nostra picciol vita vana e mesta.

Senhora, que abalais a fortitude
desse meu pobre & desolado siso,
matai-me a dor que assi me desilude
de maginar em vós meu Paraíso.

E dai-me força pera a solitude
a que me sojugou vosso sorriso;
e agora que se afina a quietude
com minha vida pago o desaviso

de tanto amar o vosso desamor,
que esmaga, dilacera &, alfim, tortura
o rudo e peregrino mantimento
de meu precário e sublimado amor,
aquebrantado pola desventura,
de me encontrar em vosso perdimento.

NOTA

Os sonetos foram escritos segundo as regras de outrora. Imaginei um poeta luso-brasileiro em diálogo com um poeta italiano. Entretanto, ao imaginar dois poetas que me habitam (quem sabe os oficiantes de Santa Sofia), decidi-me por uma aparência discursiva, como se fosse um espelho bilíngue.

FACES DA UTOPIA: VISITAÇÕES
(JUNÇÃO DE DOIS TÍTULOS:
FACES DA UTOPIA, 1992, E
PARTE DE *BIZÂNCIO*, 1997)

RÛMÎ
(1207-1273)

Sentados no palácio duas figuras,
são dois seres, uma alma, tu e eu.
Um canto radioso move os pássaros
quando entramos no jardim, tu e eu!
Os astros já não dançam e contemplam
a lua que formamos, tu e eu!
Enlaçados no amor, sem tu nem eu,
livres de palavras vãs, tu e eu!
Bebem as aves do céu a água doce
de nosso amor, e rimos tu e eu!
Estranha maravilha estarmos juntos:
estou no Iraque e estás no Khorasan.

Morrei, morrei, de tanto amor morrei,
morrei, morrei de amor e vivereis.
Morrei, morrei, e não temeis a morte,
voai, voai bem longe, além das nuvens.
Morrei, morrei, nesta carne morrei,
é mero laço, a carne que vos prende!
Vamos, quebrai, quebrai esta prisão
Sereis de pronto príncipes e emires!
Morrei, morrei aos pés do Soberano:
e assim sereis ministros e sultões!
Morrei, morrei, deixai a triste névoa,
tomai o resplendor da lua cheia!
O silêncio é sussurro de morte,
e esta vida é uma flauta silente.

Moro na transparência desses olhos,
nas flores do narciso, em seus sinais.
Quando a Beleza fere o coração
a sua imagem brilha, resplandece.
O coração enfim rompe o açude
e segue velozmente rio abaixo.
Move-se generoso o coração,
ébrio de amor, em sua infância, e salta,
inquieto, e se debate; e quando cresce,
põe-se a correr de novo enamorado.
O coração aprende com Seu fogo
a chama imperturbável desse amor.

JOACHIM DU BELLAY
(1522-1560)

Sacros montes, e vós santas ruínas,
que só de Roma o nome conservais,
antigos monumentos, que guardais
o honroso pó de tais almas divinas:

ao céu onde arcos e torres destinas,
e só de ver-vos o céu assustais,
ah! aos poucos em cinzas vos mudais,
lendas do povo e públicas rapinas!

Se por um tempo ao tempo fazem guerra
os edifícios, o tempo entrementes
obras e nomes eis que sempre aterra.

Tristes desejos, vivei pois contentes:
se o tempo leva ao fim coisa tão dura,
há de pôr fim à minha desventura.

Astros cruéis, e deuses desumanos,
céu invejoso, e madrasta natura,
quer pela ordem, quer pela ventura,
corra o processo dos faustos humanos,

por que obraram vossas mãos, tantos anos,
a plasmar esse mundo que assim dura?
Por que não foi com tal matéria dura
feita a fronte dos palácios romanos?

Não hei de repetir sentença crua,
de que tudo que vive sob a lua
se dissolve e é sujeito a perecer:

Digo porém (e tal não aborreça
a quem oposta matéria ofereça)
que um dia esse grã Todo há de morrer.

SAN JUAN DE LA CRUZ
(1542-1591)

NOITE ESCURA

*Canções da alma que goza o ter
chegado ao alto estado de perfeição,
que é a união com Deus, pelo caminho
da negação espiritual*

Em uma noite escura,
com ânsias em amores inflamada,
ó ditosa ventura!,
saí sem ser notada,
estando minha casa sossegada.

Na escuridão, segura,
pela secreta escada disfarçada,
ó ditosa ventura!,
na escuridão, velada,
estando minha casa sossegada.

Na noite mais ditosa
em segredo, pois que ninguém me via,
de nada mais ciosa,
sem outra luz ou guia,
se não a que no coração ardia.

Essa luz me guiava
mais certa do que a luz do meio-dia,
lá onde me esperava,
quem eu bem conhecia,
num canto em que ninguém aparecia.

Ó noite que guiaste!,
ó noite mais amável que a alvorada!,
ó noite que juntaste
Amado com amada,
amada em seu Amado transformada.
Em seu peito florido
que todo para ele eu só guardava,
ali ficou dormindo,
e eu sempre o regalava
e o ventalho de cedros brisa dava.

Da ameia a brisa amena,
quando só seus cabelos afagava,
com sua mão serena
o meu colo tocava
e todos meus sentidos suspendia.

Deixei-me e olvidei-me,
o rosto reclinei sobre o Amado,
cessou tudo e deixei-me
deixando o meu cuidado
por entre as açucenas olvidado.

DESCUIDO DO DISTRAÍDO VIVER A QUEM A MORTE CHEGA INESPERADA

Viver é caminhar breve jornada,
E morte viva é, Lico, nossa vida,
Ontem ao frágil corpo amanhecida,
Cada instante no corpo sepultada.

Nada que, sendo, é pouco, e será nada
Em pouco tempo, que ambiciosa olvida;
Pois, da vaidade mal persuadida,
Deseja duração, terra animada.

Levada por um falso pensamento
E de esperança, enganadora e cega,
Tropeçará no próprio monumento.

Como o que, distraído, o mar navega,
E, sem mover-se, voa com o vento,
E, antes que pense em abeirar-se, chega.

A ROMA SEPULTADA EM SUAS RUÍNAS

Buscas em Roma a Roma, peregrino!,
E em Roma vês apenas as mortalhas:
Cadáver são as que ostentou medalhas
E tumba de si próprio o Aventino.

E jaz onde reinava o Palatino;
Pelo tempo limadas, as medalhas
Mais se mostram destroços às batalhas
Dos tempos idos que brasão latino.

Só o Tibre ficou, cuja corrente
Se a cidade regou, já, sepultura,
A chora com funesto som dolente.

Ó Roma! Em tua grandeza e formosura,
Fugiu o que era firme, e tão somente
O fugitivo permanece e dura.

ANGELUS SILESIUS
(1624-1677)

DEVEMOS SER UM

Se nós fôssemos um, eu e tu, tu e eu,
Havia de ser o céu mil vezes céu.

*

UM CORAÇÃO ESCURO NÃO ENXERGA

Se a tocha não arder, vigia a luz do fogo,
como reconhecê-lo, ao abeirar-se, o esposo?

*

COMO TUDO ABANDONAR DE UMA SÓ VEZ

Queres abandonar, amigo, o mundo inteiro?
Procura teu amor-próprio odiar primeiro.

*

HÁ MILHARES DE SÓIS

Pensas que um sol apenas há no firmamento,
Eu digo haver milhares, sem comedimento.

TRAKL
(1887-1925)

CREPÚSCULO DE INVERNO

a Max von Esterle

Céus escuros de metal.
Nas vermelhas revoadas
cruzam gralhas esfaimadas
sobre um parque fantasmal.

Rompe um raio glacial;
ante pragas infernais
giram gralhas vesperais;
sete pousam no total.

Na carniça desigual,
bicos ceifam em segredo.
Casas mudas metem medo;
brilha a sala teatral.

Ponte, igrejas, hospital
hórridos na luz exangue.
Linhos grávidos de sangue
incham velas no canal.

AS RATAZANAS

A lua resplandece no quintal.
Das telhas caem sombras soberanas.
Janelas de silêncio glacial;
afloram quietamente as ratazanas

e céleres sibilam em surdina,
quando um horrível bafo se acentua
na boca semiaberta da latrina,
onde cintila espectralmente a lua.

E loucas vociferam de cobiça,
buscando em toda a casa os alimentos:
a fruta, o cereal e a hortaliça.
Nas trevas gemem gélidos os ventos.

VIELIMIR KHLIÉBNIKOV
(1885-1922)

Meninas, aquelas que passam,
calçando botas de olhos negros,
nas flores de meu coração.
Meninas que pousam as lanças
no lago de minhas pupilas.
Meninas que lavam as pernas
no lago de minhas palavras.

EU E A RÚSSIA

A Rússia libertou milhares e milhares.
Um gesto nobre! Um gesto inesquecível!
Mas eu tirei a camisa
e cada arranha-céu espelhado de meus cabelos,
cada ranhura
da cidade do corpo
expôs seus tapetes e tecidos de púrpura.
As cidadãs e os cidadãos do estado Mim
juntavam-se às janelas dos cabelos,
as olgas e os ígores,
não por imposição,
mas para saudar o Sol através da pele.
Caiu a prisão da camisa!
Nada mais fiz que tirá-la.
Estava nu junto ao mar
Dei Sol aos povos de Mim!
Assim eu libertava
milhares e milhares.

Dostoievismodenuvemfugaz!
Pushkínotas de um lento meio-dia!
A noite tiucheviza sempre mais,
cobrindo de infinito as cercanias.

Eu vos contemplo, ó números!,
Vestidos de animais, em suas peles,
As mãos sobre carvalhos destroçados,
Mostrais a união entre o serpear
Da espinha dorsal do universo e a dança da balança.
Permitis a compreensão dos séculos, como os dentes numa breve gargalhada.
Meus olhos se arregalam intensamente.
Aprender o destino do Eu, se a unidade é seu dividendo.
– Senta, Gul mulá!
Uma bebida quente banhou o meu rosto.
– Água negra? Olhou-me Ali Mohammed, pondo-se a rir:
– Eu sei quem você é.
– Quem?

– Um Gul Mulá.
– Um sacerdote das flores?
– Sim-sim-sim,
Rema e sorri.
Navegamos num golfo de espelho
junto a uma nuvem de amarras e monstros de ferro
chamados "Trótski" e "Rosa Luxembrugo".

MARIN MINCU
(1944-2009)

EU ME ADMIRO DA MÃO QUE ESCREVE

agora este verso
que se move preguiçoso
e se detém
no espaço entre duas palavras
no espaço entre o dente e a voz
entre o dente e seu alvéolo
embebido de sangue
no espaço entre o osso e a carne
como se
a mão
tudo fosse

Atrás da máquina de escrever
a impressão deixada
o dedo preso
ao gatilho
não resta senão
a palavra
lavra
avra
a

Sob a aurora cercada de luzes
ninguém se mostra
o cautchu amolece e desaba
pela calçada anônima
não vemos nada além do horizonte
uma árvore se despe das folhas e morre solitária

Muitas voltas sem descanso
abrem-se nas profundezas as moitas de coral
não mais que gordas pastagens
somente cabras negras de chifres brancos
em longas conversas

NOTAS

O conjunto de poemas resulta de uma reedição radical do livro *Faces da utopia* (Niterói: Cromos, 1992) a que se agregam outros poemas originários dos volumes assinalados abaixo e revistos. Mantive apenas a ideia, mas não a seção "Visitações" de Bizâncio. Seria preciso fazer uma nova tradução daqueles poemas.

A reedição do livro fez-se necessária. Não poucos erros de tipografia redundaram em consequências ortográficas. Não só: a opinião de Claudio Magris, por exemplo, foi atribuída a outra personalidade. No entanto, a editora Cromos fez história em sua cidade. Registro minha amizade com os saudosos Angelo e Wilma Longo, editores, a quem dedico estas páginas.

Angelus Silesius. *A paz delicada*. Goiás: Martelo, 2017 (tradução original revista de 1994).

Georg Trakl. *Poemas à noite*. Rio de Janeiro: Topbooks, 1996.

Joachim du Bellay. Inédito.

João da Cruz. *Pequena antologia amorosa*. Rio de Janeiro: Lacerda, 2000.

Marin Mincu. *Revista Poesia Sempre*. Rio de Janeiro, FBN, n. 16, n. 32, 2009.

A tradução começou no mesmo ano no hotel Capşa de Bucareste.

Rûmî. *A flauta e a lua* (com Luciana Persice). Rio de Janeiro: Bazar do Tempo, 2016.
Reúne os meus dois livros sobre o poeta persa dedicados sempre aos saudosos Armando Erik de Carvalho, Kitty de Carvalho e Daniela Connoly.

Vielimir Khliébnikov. *Eu e a Rússia*. Rio de Janeiro: Bem-Te-Vi, 2014.
Dedicado à minha professora de russo, Zoé Stepanov.

AL-MA'ARRĪ: VESTÍGIOS
(1999, INÉDITO)

Tais vestígios foram coletados em 1999 na poesia de Abū al-'Alā' al-Ma'arrī (973-1057), entre Aleppo e Damasco, e revistos em 2011, no Rio de Janeiro. Uma coletânea de recortes e incisões sobre conjuntos maiores, livremente redesenhados, fora dos limites impostos ao tradutor. Não passam de conchas na areia de um mar inacabado.

De um nada para outro nos movemos.

*

Quem considera o tempo e suas obras
da vida sobre a Terra desconfia.
Mente a palavra dos mortais: ódio é afeição,
o bem é mal, os feitos, desvario,
engano o júbilo, fortuna não ter bens:
sua sabedoria é mero desatino.

*

Uivam à noite os lobos e pensam que a Lua
é um disco e as Plêiades, racimos de uva.

*

A terra não distingue em suas entranhas
ossadas de rebanho ou de leão.

*

Inseparáveis caminham o bem e o mal
Também o mel é salpicado de amargor

*

A pomba delicada em seu viver
Não é menos cruel do que o falcão.

*

Não há mais prodigioso território
que o centro de um poema circular.

*

Remédio para a vida é desnascer.

*

Se a noite não abriu tuas feridas
o dia dobrará teus desenganos.

*

Os homens são poemas que o destino recitou.

*

Não impressione a escuridão da noite,
nem entusiasme a luz do amanhecer.
Já não importa se a espada é um dom
ou prelúdio de morte.

*

Minha vida é uma nuvem para a morte
Iguala-se ao trovão minha palavra.

BIBLIOGRAFIA DE MARCO LUCCHESI PUBLICADA NO PAÍS E NO EXTERIOR

1. POESIA

Maví. Guaratinguetá: Penalux, 2022. Posfácio de Alva Martínez Teixeiro.
Domínios da insônia: novos poemas reunidos. São Paulo: Patuá, 2019. Prefácio de Ivone Martins. Ilustrações de Rose Marie Silva Haddad.
Mal de amor. São Paulo: Patuá, 2018. Prefácio de Montserrat González. Texto de orelha de Clóvis Da Rolt. Gravura de Anna Maria Maiolino. Ilustrações de Rose Marie Silva Haddad.
Antologia de Marco Lucchesi. Rio de Janeiro: Luz da Cidade, 2018. (Coleção Grandes Poetas Contemporâneos). Audiolivro (28min56seg).
Rebis. Brasília: Poexílio, 2017. Seleção de poemas em edição de colecionador.
Hinos matemáticos. Rio de Janeiro: Balur, 2015. Prefácio de Ubiratan d' Ambrosio. Fractais de Rodrigo Siqueira do Grupo Fractarte.
    2. ed. Editora Codes, 2018. *E-book*.
    3. ed. Belo Horizonte: Tesseractum Editorial, 2022. *E-book* e impresso.
Clio. São Paulo: Globo, 2014. Prefácio de Alfredo Bosi. Texto de orelha de Ettore Finazzi-Agrò. Ilustração de Ana Miranda. Segundo lugar do Prêmio Jabuti 2015.
Meridiano celeste & Bestiário. Rio de Janeiro: Record, 2006. Prefácio de Letícia Malard. Texto de orelha de Moacir Amâncio. Prêmio Alphonsus de Guimaraens da Biblioteca Nacional 2006. Finalista do Prêmio Jabuti 2007.
Sphera. Rio de Janeiro: Record, 2003. Prefácio de Eduardo Portella. Texto de orelha de Antonio Cicero. Prêmio de Poesia Da Costa e Silva da UBE, 2004. Segundo lugar do Prêmio Jabuti 2004. Pré-finalista do Prêmio Portugal Telecom 2004.

Poemas reunidos. Rio de Janeiro: Record, 2001. Texto de orelha de Constança Hertz. Finalista do Prêmio Jabuti 2002.
Alma Vênus. Niterói: CIF, 2000. Prefácio de André Seffrin.
Bizâncio. Rio de Janeiro: Record, 1997. Prefácio de Foed Castro Chamma. Texto de orelha de Ivan Junqueira. Comenda Espatário da Trebizonda. Finalista do Prêmio Jabuti 1999.

2. ROMANCE

Adeus, Pirandello. Santo André: Rua do Sabão, 2022.
O bibliotecário do imperador. São Paulo: Globo, 2013. Texto de orelha de Alberto Mussa. Prêmio Machado de Assis da UBE, 2013. Finalista do Prêmio São Paulo 2014.
O dom do crime. Rio de Janeiro: Record, 2010. Texto de orelhas de Nélida Piñon. Prêmio Machado de Assis da UBE, 2011. Segundo lugar do Prêmio Brasília 2012. Finalista do Prêmio São Paulo 2011.
2. ed. Santo André: Rua do Sabão, 2022.

3. NOVELA

Marina. Santo André: Rua do Sabão, 2023. Posfácio de Ana Miranda.

4. ENSAIO

A memória de Ulisses. Rio de Janeiro: Civilização Brasileira, 2006. Prefácio de Ettore Finazzi-Agrò. Texto de orelhas de José Castello. Prêmio João Fagundes de Meneses da UBE 2007.
2. ed. Rio de Janeiro: Civilização Brasileira, 2011. *E-book*.
A paixão do infinito. Niterói: Cromos, 1994. Prefácio de Antonio Carlos Villaça. Texto de orelha de Nise da Silveira.

Breve introdução ao Inferno de Dante. Rio de Janeiro: Âmbito Cultural, 1985. Prefácio de José Inaldo Alonso. Texto de orelha de Antonio Carlos Villaça.
Carteiro imaterial. Rio de Janeiro: José Olympio, 2016. Texto de orelha de Carlos Pereyro.
Cultura da Paz. Rio de Janeiro: Oficina Raquel, 2020.
Ficções de um gabinete ocidental. Rio de Janeiro: Record, 2009. Prefácio de Mary del Priore. Texto de orelha de Aniello Angelo Avella. Prêmio Ars Latina de Ensaio (Romênia) 2010. Prêmio Orígenes Lessa da UBE, 2010.
Nove cartas sobre a Divina Comédia. Rio de Janeiro: Biblioteca Nacional; Casa da Palavra, 2013.
2. ed. ampliada. Rio de Janeiro: Bazar do Tempo, 2021.
O livro de Deus na obra de Dante: uma releitura na Baixa Modernidade. São Leopoldo: Unisinos, ano VIII, n. 65, 2011. (Cadernos de Teologia Pública)
O sorriso do caos. Rio de Janeiro: Record, 1997. Texto de orelha de Luciana Villas-Boas.
São Paulo: BT Acadêmica, 2019. Edição revisada em *e-book*.
Teatro alquímico: diário de leituras. Rio de Janeiro: Artium, 1999. Texto de orelhas de Andrea Lombardi. Prêmio Eduardo Frieiro da Academia Mineira de Letras 2000.
2. ed. São Paulo: BT Acadêmica, 2018. Edição revisada em *e-book*.

5. AFORISMOS

Arena Maris. Belo Horizonte: Tesseractum Editorial, 2021.
Paisagem lunar. Belo Horizonte: Tesseractum Editorial, 2023. [Reunião dos três livros: *Trívia*, *Vestígios* e *Arena Maris*.]
Trívia: diário filosófico. São Paulo: Patuá, 2019. Prefácio de Manuel Tavares. Ilustrações de Rose Marie Silva Haddad.
Vestígios: diário filosófico. Belo Horizonte: Tesseractum Editorial, 2021. Prefácio de Ciprian Vălcan.

6. MEMÓRIA E TESTEMUNHO

Os olhos do deserto. Rio de Janeiro: Record, 2000. Prefácio de Per Johns. Texto de orelha de Michel Maffesoli.
   2. ed. São Paulo: BT Acadêmica, 2019. Edição revisada em *e-book*.
Saudades do paraíso. Rio de Janeiro: Lacerda Editores, 1997. Prefácio de Ivo Barroso. Texto de orelha de José Castello.
   2. ed. São Paulo: B.T. Acadêmica, 2019. Prefácio de Ana Maria Haddad Baptista. Ilustrações de Rose Marie Silva Haddad. Edição revisada em *e-book*.

7. TEXTOS LÚDICOS

Alivorte. Prefácio de Paulo Sérgio Viana. Rio de Janeiro: Balur Dragão, 2021. [Tradução de Paulo Sérgio dos poemas de Marco Lucchesi. Textos de Marco Lucchesi em esperanto.]
Bazati dir Härstä Laputar/Rudimentos da língua laputar (proposta patafísica). Rio de Janeiro: Forlar Balur Dragão, 2015.
   2. ed. São Paulo: Codes, 2018. Edição revisada em *e-book*. [língua artificial]
Catálogo da Biblioteca do Excelentíssimo Senhor Marquês Umbelino Frisão. Rio de Janeiro: Balur, 2017.
   2. ed. São Paulo: Codes, 2018. Edição revisada em *e-book*. [pseudobíblia]

8. OBRAS TRUDUZIDAS/ EXTERIOR

21 poemas/Wierszy. Apresentação e tradução para o polonês de Henryk Siewierski. Belo Horizonte: Tesseractum Editorial, 2021. Edição em *e-book*.
5 poemas de Marco Lucchesi: leídos el 8 de octubre de 2014 en la Residencia de Estudiantes. Tradução de Antonio Maura. Madri

(Espanha): Ed. Poesia en la Residencia, 2014. [Antologia de poemas de *Meridiano celeste*.]

Céu em chamas. Organização e tradução para o árabe de Safa Jubran. Belo Horizonte: Tesseractum Editorial, 2020. Edição em *e-book*.

Clio. Tradução de Edgar Saavedra. Buenos Aires (Argentina) Cuenca (Equador): La Caída, 2023.

Discorso della presa di possesso del seggio n. 15 nella Academia Brasileira de Letras. *Sincronie: Rivista Semestrale di Letterature, Teatro e Sistemi di Pensiero*. Manziana (Itália), v. 13, 25-26, jan./dez. 2009. p. 75-89. [Discurso de posse de M.L. na Academia Brasileira de Letras.]

Elipsis y refracción. Tradução de Montserrat Villar González. Madrid (Espanha): Lastura Ediciones, 2021.

Erwartunglischt. Organização e tradução de Curt Meyer-Clason. Curitiba; Berlim: Leonardo Verlag, 2003. Texto de orelha de Luis Montez. Ilustração de Miguel Coelho. [Antologia de poemas de *Alma Vênus*.]

Gradinile Somnului. Tradução de George Popescu. Craiova (Romênia): Scrisul Românesc, 2003. [Título original: *Poesie*.]

Hyades. Tradução de George Popescu. Craiova (Romênia): Autograf MJM, 2005. Ilustrações de Viorel Pîrligras. [Título original: *Hyades*.]

Il nome dei gatti: dall'universo al multiverso. Curadoria de Federico Bertolazzi. Introdução de Fabio Pierangeli. Tradução de Chiara Mancini. Roma: UniversItalia, 2021.

In my most distant lands. Organização de Márcia Fusaro e Sonya Gupta. Prefácio de Márcia Fusaro. Traduções de Renato Rezende (inglês); Mangalesh Dabral (hindi); Anisur Rahman (urdu); Anuradha Acharjee (bangla). São Paulo: BT Acadêmica, 2020. Edição em *e-book*.

Isfahan. Organização e tradução de Rafi Moussavi. Teerã (Irã): Ministério das Relações Exteriores do Irã, 2003.

Edição brasileira: *Isfahan*. Rio de Janeiro: Shams, 2006. [Antologia de poemas de *Sphera*.]

La indecisa aurora: 13 poemas de Marco Lucchesi. *Revista Cultural*. Tradução de Montserrat Villar González. Peru: Vallejo & Co. 18 maio 2021.

Mal d'Amore. Tradução de Stefano Busellato. Belo Horizonte: Tesseractum Editorial, 2021.
Mal D'Amour. Tradução para o francês de Christophe Mileschi. Belo Horizonte: Tesseractum Editorial, 2021. Edição em *e-book*.
Mal de amor. Costa da Caparica (Lisboa): Edições Gandaia, 2022.
Meridian celest & alte poeme. Ediție bilingvă. Tradução, prefácio e notas de Dinu Flămând. Bucareste (Romênia): Tracus Arte, 2018. Belo Horizonte: Tesseractum Editorial, 2022. Edição em *e-book*. [Antologia de *Meridiano celeste* e *Clio*.]
Microcosmo. Tradução de Nodoka Nakaia. São Paulo: Tesseractum, 2023. Edição em *e-book*.
Oriente/Ocidente. Tradução de Ángeles Godínez Guevara. Cidade do México (México): Universidade Autónoma de Mexico, 2012. [Antologia de ensaios.]
Peregrinări memorabile prin bibliotheca universalis. Seleção e tradução de George Popescu. Romênia: Napoca Star, 2023.
Prieteniala Patru Mâini. Tradução de George Popescu. Craiova (Romênia): Autograf MJM, 2005. Ilustrações de Viorel Pîrligras. [Antologia de poemas.]
Surasul haosului. Tradução de George Popescu. Craiova (Romênia): Editora Aius, 2013. [Antologia de poemas italianos.]
Vicino ala distanza. Tradução e introdução de Stefano Busellato. Belo Horizonte: Tesseractum Editorial, 2021. Edição em *e-book*.

9. TRADUÇÕES

ALFIERI, Vittorio. *Esboço do Juízo Final*. Rio de Janeiro: Lacerda Editores, 1997. [Título original: *Esquisse du Jugement Universel*.]
ALKAN, Tozan. *Babel*. Seleção e tradução do autor. São Paulo: Attar Editorial, 2022.
Areopagita, Pseudo-Dinonísio. *Teologia mística*. Rio de Janeiro: Mauad X, 2021.
BARBU, Ion. *Margens da noite*: poemas de Ion Barbu. São Paulo: Patuá, 2021. [Antologia.]

COTRONEO, Roberto. *Presto con fuoco*. Rio de Janeiro: Record, 1999. [Título original: *Presto con fuoco*.]

CRUZ, Juan de la. *Pequena antologia amorosa*. Edição revista da primeira seção de poemas do livro *Faces da utopia*. Rio de Janeiro: Lacerda, 2000. [Antologia.]

ECO, Umberto. *A ilha do dia anterior*. Rio de Janeiro: Record, 1995. Finalista do Prêmio Jabuti 1996. [Título original: *L'isola del giorno prima*.]

ECO, Umberto. *Baudolino*. Rio de Janeiro: Record, 2001. Finalista do Prêmio Jabuti. [Título original: *Baudolino*.]

Faces da utopia. Prefácio de José Lívio Dantas; Eberhard Müller-Bochat; Luiz Antônio Pimentel. Niterói: Cromos, 1992. Texto de orelha de Angelo Longo. Edição trilíngue. [Totalmente revisto e incluído em *Domínios da Insônia*.]

GUILLEVIC, Eugènne. *Euclidianas*. São Paulo: Berlendis & Vertecchia, 2014. Posfácio de Ubiratan d'Ambrosio. [Título original: *Euclidiennes*.]

HÖLDERLIN, Friedrich. *Patmos e outros poemas de Hölderlin*. Niterói: Grupo Setembro, 1987. Prefácio de Dalma Nascimento. [Antologia.]

IQBĀL, Mohammed. *Prelúdio*. Rio de Janeiro: Mauad X, 2021. [Antologia.]

KHLIÉBNIKOV, Vielimir. *Eu e a Rússia*. Prefácio de Valerii Bossenko. Edição revista e ampliada de *Poemas de Khliébnikov*, publicado em 1993. Rio de Janeiro: Editora Bem-Te-Vi, 2014. [Antologia.]

LEVI, Primo. *A trégua*. São Paulo: Companhia das Letras, 1997. [Título original: *La tregua*.]

PASTERNAK, Boris. "Versos de Iúri Jivago". In: *Doutor Jivago*. Tradução de Zóia Prestes. Rio de Janeiro: Record, 2002. [Título original: Доктор Живаго.]

POPESCU, George. *Caligrafia silenciosa*. Rio de Janeiro: Rocco, 2015. Edição revista do livro publicado pela editora Shams, fora de comércio, em 2007. [Título original: *Caligrafia Tacuta*.]

RILKE, Rainer Maria; TRAKL, Georg. *Poemas à noite*. Rio de Janeiro: Topbooks, 1996. Texto de orelha de José Mário Pereira. Prêmio Paulo Rónai da Biblioteca Nacional. [Antologia.]

RÛMÎ, Jalāl al-Dīn. *A sombra do amado*: poemas de Rûmî. Tradução de Marco Lucchesi e Luciana Persice. 3. ed. Rio de Janeiro: Fissus,

2003. Texto de orelha de Leonardo Fróes. Prêmio Jabuti 2001. [Antologia.]

RÛMÎ, Jalāl al-Dīn. *A sombra do amado*: poemas de Rûmî. Tradução de Marco Lucchesi e Luciana Persice. Rio de Janeiro: Fissus, 2000. Texto de orelha de Leonardo Fróes. Prêmio Jabuti 2001. [Antologia.]

RÛMÎ, Jalāl al-Dīn. *A flauta e a lua*: poemas de Rûmî. Rio de Janeiro: Bazar do Tempo, 2016. Nova edição reunida de *A sombra do amado: poemas de Rûmî* e *O canto da unidade: em torno da poética de Rûmî*. 2. ed.: 2021. [Antologia.]

SILESIUS, Angelus. *Moradas*. Goiânia: Martelo Casa Editorial, 2017. Estudo introdutório de Faustino Teixeira. [Antologia.]

SÛSKIND, Patrick. *Um combate e outros relatos*. Rio de Janeiro: Record, 1996. [Título original: *Drei Geschichten und Betrachtung*.]

VICO, Giambattista. *A Ciência Nova*. Rio de Janeiro: Record, 1999. Prêmio União Latina 2000. Premio Speciale del Presidente della Repubblica Carlo Ciampi: Prometeo d'Argento. [Título original: *Scienza nuova*.]

BIBLIOGRAFIA SOBRE O AUTOR

Relação de artigos, capítulos e livros publicados consultados para o trabalho pelo selecionador.

BAPTISTA, Ana Maria Haddad. Estética da solidão: das profundezas do ser. *In*: LUCCHESI, Marco. *Domínios da insônia*. Novos poemas reunidos. São Paulo: Patuá, 2019, p. 631-634.

BOSI, Alfredo. Clio e insônia na poesia de Marco Lucchesi. *In*: LUCCHESI, Marco. *Domínios da insônia*: novos poemas reunidos. São Paulo: Patuá, 2019, p. 623-625.

CAMPOS, Haroldo de. *et. alii*. (Org. e trad.). *Poesia russa moderna*. 6. ed. ver. ampl. São Paulo: Perspectiva, 2012.

LAURITI, Nádia C. As rotas dialógicas de Marco Lucchesi em Clio (parte final). *In*: LUCCHESI, Marco. *Domínios da insônia*. Novos poemas reunidos. São Paulo: Patuá, 2019. p. 635-639.

LUCCHESI, Marco. *Clio*. São Paulo: Globo, 2014. Prefácio de Alfredo Bosi. Texto de orelha de Ettore Finazzi-Agrò. Ilustração de Ana Miranda. Segundo lugar do Prêmio Jabuti 2015.

LUCCHESI, Marco. *Domínios da insônia* na versão em PDF, fornecida pelo autor, que difere da versão publicada por ele pela editora Patuá. Nota: o livro da Patuá serviu-me como base para as citações bibliográficas da fortuna crítica lida.

LUCCHESI, Marco. *Domínios da insônia*: novos poemas reunidos. Prefácio de Ivone Martins. Ilustrações de Rose Marie Silva Haddad. São Paulo: Patuá, 2019.

LUCCHESI, Marco. *Hinos matemáticos*. Rio de Janeiro: Balur, 2015. Prefácio de Ubiratan d'Ambrosio. Fractais de Rodrigo Siqueira do Grupo Fractarte. 2. ed. em *e-book*. Codes, 2018.

LUCCHESI, Marco. *Mal de amor*. São Paulo: Patuá, 2018. Prefácio de Montserrat González. Texto de orelha de Clóvis Da Rolt. Gravura de Anna Maria Maiolino. Ilustrações de Rose Marie Silva Haddad.

LUCCHESI, Marco. *Meridiano celeste & Bestiário*. Rio de Janeiro: Record, 2006. Prefácio de Letícia Malard. Texto de orelha de Moacir

Amâncio. Prêmio Alphonsus de Guimaraens da Biblioteca Nacional 2006. Finalista do Prêmio Jabuti 2007.
LUCCHESI, Marco. *Sphera*. Rio de Janeiro: Record, 2003. Prefácio de Eduardo Portella. Texto de orelha de Antonio Cicero. Prêmio de Poesia Da Costa e Silva da UBE, 2004. Segundo lugar do Prêmio Jabuti 2004. Pré-finalista do Prêmio Portugal Telecom 2004.
PAZ, Octavio. El arco y la lira. *In: Obras completas*. Mexico: Fondo de Cultura Económica, 1995, v. I, p. 33-126.
PESSOA, Fernando. *Obra poética*. Volume único. Aguilar. 9. ed. Rio de Janeiro: Aguilar, 1984.
PORTELLA, Eduardo. A soma das distâncias. *In*: LUCCHESI, Marco. *Domínios da insônia*. Novos poemas reunidos. São Paulo: Patuá, 2019. p. 649-653.
POUND, Ezra. *ABC da literatura*. 12. ed. Tradução de Augusto de Campos. São Paulo: Cultrix, 2015.
RIBEIRO NETO, Amador. Rebis, o lirismo sublime de Marco Lucchesi. João Pessoa: *A União/Correio das Artes*, ano LXIX, n. 5, jul./2018.
RIBEIRO NETO, Amador. A poesia islâmica de Rûmî. João Pessoa: *A União/Correio das Artes*, abr./2008. p. 14-15.
RIBEIRO NETO, Amador. Nossos meridianos. João Pessoa: *A União/ Correio das Artes*, jul./2007, p. 20.
RIBEIRO NETO, Amador. Palavras e números: a poesia sublime de Marco Lucchesi. João Pessoa: *A União/Correio das Artes*, n. 3, maio/2017.
RIBEIRO NETO, Amador. Palavras e números: a sublime poesia de Marco Lucchesi. *Musa Rara – Literatura e Adjacências*. 4 jun. 2018.
RIBEIRO NETO, Amador. Poesia de viagem e alumbramentos. *Augusta Poesia*, 13 fev. 2015.
RIBEIRO NETO, Amador. Hinos matemáticos. *In*: LUCCHESI, Marco. *Domínios da insônia*: novos poemas reunidos. São Paulo: Patuá, 2019. p. 626-630.
VALÉRY, Paul. "Questões de poesia". *In*: LUCCHESI, Marco. *Variedades*. Trad. Maiza Martins de Siqueira. Org. e intr. João Alexandre Barbosa. São Paulo: Iluminuras, 1991. p. 177-186.
VALÉRY, Paul. *In*: LUCCHESI, Marco. "Dos Cadernos de Valéry". *A serpente e o pensar.* Trad. Augusto de Campos. São Paulo: Brasiliense, 1984. p. 71-99.

SOBRE O AUTOR

Marco Americo Lucchesi nasceu em 9 de dezembro de 1963, no Rio de Janeiro. Filho de Elena Dati e Egidio Lucchesi. A partir de oito anos de idade, morou em Niterói. Foi matriculado no Colégio Salesianos de Santa Rosa. Estudou piano até os vinte anos com a professora Carmela Musmano e canto com o professor Domenico Silvestro.

Primeiro brasileiro de uma família italiana da Toscana, os versos da *Divina Commedia* e de *Orlando Furioso* fazem parte da memória de sua infância.

Precoce, suas primeiras publicações foram feitas na adolescência. Teve, ainda muito jovem, diálogos, que foram decisivos para sua trajetória, com Antonio Carlos Villaça, Nise da Silveira e Carlos Drummond de Andrade.

Ao longo dos anos, outros encontros também lhe foram marcantes, por exemplo, com Nagib Mahfuz, no Egito, com Umberto Eco e Mario Luzi, ambos na Itália, e com Paolo Dall'Oglio, na Síria.

Poeta, romancista, memorialista, ensaísta, tradutor e editor, em sua ampla produção, contemplada por diversos prêmios, destacam-se: *Sphera*, *Meridiano celeste*, *Bestiário* e *Clio* (poesia); *O dom do crime*, *O bibliotecário do imperador* e *Adeus, Pirandello* (romances); *Saudades do paraíso* e *Os olhos do deserto* (memória); *A memória de Ulisses* e *O carteiro imaterial* (ensaios).

Traduziu diversos autores, dentre os quais, publicados em livro, dois romances de Umberto Eco, a *Ciência Nova*, de Vico, os poemas do romance *Doutor Jivago*, obras de Guillevic, Primo Levi, Rûmî, Hölderlin, Khliébnikov, Trakl, Juan de la Cruz, Francisco Quevedo, Angelus Silesius.

Graças ao amplo conhecimento de mais de vinte idiomas, criou inclusive uma língua artificial denominada "laputar".

Professor titular de Literatura Comparada na Faculdade de Letras da Universidade Federal do Rio de Janeiro (UFRJ), formou-se em História pela Universidade Federal Fluminense (UFF) e recebeu os títulos de mestre e doutor em Ciência da Literatura pela UFRJ.

Realizou estágio de pós-doutoramento, Capes/Daad, no Petrarca Institut da Universidade de Colônia, Alemanha, centrando sua pesquisa na Filosofia do Renascimento. Pesquisador do Conselho Nacional de Desenvolvimento Científico e Tecnológico (CNPq). Foi pesquisador-visitante, no ano de 2022, do Centro de Estudos da Ásia Central, Cáucaso, Turquia, Tibet e Irã do Departamento de Ásia, África e Mediterrâneo da Universidade Oriental de Nápoles (UniOr) e de outras instituições nacionais e internacionais. Em 2016, recebeu o título de Doutor Honoris Causa pela Universidade Tibiscus, de Timisoara, e, em 2020, o título de Doutor Honoris Causa pela Universidade Aurel Vlaicu de Arad.

Seus livros foram traduzidos para o árabe, romeno, italiano, inglês, francês, alemão, espanhol, persa, russo, turco, polonês, hindi, sueco, húngaro, urdu, bangla e latim.

Ministrou palestras pelo Brasil e em diversas universidades no mundo: Sorbonne-Paris III, Orientale di Napoli, Universidade de Salamanca, La Sapienza (Roma), Universidade Jaguelônica de Cracóvia, Universidade de Colônia, PUC do Chile (Santiago), Universidade da Malásia, Universidade Nova de Lisboa, Universidade de Buenos Aires, Universidade de Los Andes (Mérida, Venezuela), TUFS (Tóquio), Universidade Islâmica de Délhi, além de um sem-número de seminários, feiras de livros e encontros literários na Bolívia, Paraguai, Sérvia, México, Peru, Colômbia, Itália, Suécia, Líbano, Arábia Saudita, Índia e Oman.

O conjunto de sua obra tem sido objeto específico de pesquisas, temas de dissertações e teses, seminários e cursos de extensão em diversas universidades, redes municipais, estaduais e federais (formação continuada de professores), assim como disciplina em programas de pós-graduação *stricto sensu*.

Foi editor das revistas *Poesia Sempre*, *Tempo Brasileiro* (de 2007 a 2015, volumes de 171 a 203) e *Mosaico Italiano* (de 2005 a 2008, edições de 21 a 52). Entre 2012 e 2017, foi diretor da fase VIII da *Revista Brasileira* da ABL, tendo coordenado a publicação dos números de 70 a 93. Membro do conselho da Editora da UFRJ (2016-2020), assim como de várias revistas científicas e literárias no Brasil, na América Latina e na Europa. Prestou diversas consultorias e preparou originais para as editoras Record, Nova Fronteira, Nova Aguilar, José Olympio, Civilização Brasileira e Bem-Te-Vi.

Notabilizou-se também dentro do setor de Coordenação-Geral de Pesquisa e Editoração da Biblioteca Nacional, responsável pela edição de catálogos e fac-símiles no período entre 2006 e 2011. Foi membro do Conselho Nacional de Política Cultural do Ministério da Cultura (2015-2017). Editor das coleções Espelho do Mundo e Memórias do Futuro, publicadas pela editora Rocco.

Para além de sua atividade artística, sobretudo na poesia e na ficção, sua pesquisa se baseia numa atitude multidisciplinar que abrange filosofia, literatura, música, filosofia da matemática, teologia, astronomia e artes em geral.

Colunista do *Jornal de Letras* (Lisboa), da *Revista Humanitas* (mensal), *Off The Record* (Santiago de Chile) e do jornal *Comunità Italiana*. Foi também colunista mensal da revista *Filosofia, Ciência e Vida*, colunista mensal em *O Globo*, de 2010 a 2018, e de outros periódicos no Brasil e no exterior. Foi dramaturgista em montagens teatrais cariocas; organizou seminários para o Centro Cultural Banco do Brasil e a Funiarte, assinou a curadoria de exposições na Biblioteca Nacional, na Câmara dos Deputados e no Museu Vale do Rio Doce. De 2014 a 2021, foi responsável pelo programa Música de Câmara na Academia Brasileira de Letras.

Foi notória a sua atuação em defesa dos direitos humanos, bem como sua constante presença em comunidades e prisões cariocas, mediante projetos literários e educativos. Convidado pelo Conselho Nacional de Justiça a integrar o Grupo de Trabalho para a elaboração do Plano Nacional de Fomento à Leitura nos Ambientes de Privação de Liberdade. Por conta das atividades que desenvolve, em 2017 foi homenageado com o nome de duas bibliotecas: a biblioteca da Escola Estadual Professora Sonia Maria e a biblioteca da Escola Estadual Angenor de Oliveira Cartola, ambas no Complexo Penitenciário de Bangu 4, no Rio de Janeiro. Em 2018, recebeu também, em reconhecimento, o nome da biblioteca do Colégio Salesiano Santa Rosa, em Niterói, Rio de Janeiro, onde foi aluno no Ensino Médio.

Pertence a diversas instituições, entre as quais se destacam: Academia das Ciências de Lisboa (sócio correspondente); Instituto Histórico e Geográfico Brasileiro; Académie de la Latinité; Accademia Lucchese di Scienze, Lettere e Arti (sócio correspondente); Academia Paraguaya de la Lengua Española (sócio correspondente); Associação Mundial de Esperanto (comitê de honra); Sociedade Brasileira de Geografia; Sociedade de Amigos do Museu de Imagens do Inconsciente; Movimento Humanos Direitos; PEN Clube do Brasil; Academia Fluminense de Letras; Academia Amazonense de Letras (sócio honorário); Academia Norte-rio--grandense de Letras (sócio correspondente); Academia Espírito-santense de Letras; Academia Alagoana de Letras (sócio benemérito); Academia de Letras de Aracaju (sócio correspondente); Gabinete Litterario Goyano (sócio honorário); Academia Niteroiense de Letras; Instituto Histórico e Geográfico de Niterói; Cenáculo de História e Letras de Niterói. Associado à Sociedade Brasileira para o Progresso da Ciência (SBPC).

Foi presidente da Academia Brasileira de Letras (2018-2021). Presidente licenciado da Sociedade de Amigos do Museu de Imagens do Inconsciente. Atual presidente da Fundação Biblioteca Nacional. Marco Lucchesi, feliz proprietário de vasta e significativa produção poética, científica, memorialística e ficcional, é um dos intelectuais mais sensíveis e produtivos de nosso país. Sua inteligência, que valoriza a sensibilidade e as produções artísticas e científicas, é motivo de orgulho para a literatura e as academias brasileiras.

Entre os inúmeros prêmios e distinções que recebeu, destacam-se: Comenda Mérito Acadêmico – Escola Superior da Magistratura do Amazonas, 2023; Prêmio Internacional da Latinidade – Academia Romena e Museu Nacional de Literatura Romena, 2019; Prêmio George Bacovia – Festival Internacional de Poesia (Bucareste), 2018; Ambasador al Poeziei – Festival Internacional de Poesia em Iasi (Romênia), 2017; Doutor Honoris Causa – Universitatea Tibiscus (Timisoara, Romênia), 2016; segundo lugar Prêmio Jabuti de Poesia – Câmara Nacional do Livro, 2014; Prêmio Machado de Assis – União Brasileira de Escritores, 2012; Prêmio Brasília de Literatura – Bienal Brasil do Livro e da Leitura (Brasília), 2012; Prêmio Pantera d'Oro – prefeitura de Lucca (Itália), 2011; Prêmio Orígenes Lessa – União Brasileira de Escritores, 2010; Prêmio Ars Latina de ensaio – Sociedade Ars Latina de Craiova (Romênia), 2009; Prêmio Alceu Amoroso Lima: Poesia e Liberdade, pelo conjunto da obra poética, 2008; Prêmio Mário

Barata de ensaio – União Brasileira de Escritores, 2008; Prêmio João Fagundes de Meneses de ensaios; Prêmio Alphonsus de Guimaraens de poesia – Fundação Biblioteca Nacional, 2006; Prêmio Marin Sorescu, Prefeitura de Craiova (Romênia), 2006; segundo lugar Prêmio Jabuti de Poesia – Câmara Nacional do Livro, 2003; terceiro lugar Prêmio Jabuti de Tradução – Câmara Nacional do Livro, 2001; Prêmio Eduardo Frieiro – Academia Mineira de Letras, 2000; Premio Internazionale di Poesia Cilento – Associazione Cilento di Poesia (Itália), 1999; Prêmio Paulo Rónai de Tradução – Biblioteca Nacional, 1996; Mérito da União Brasileira de Escritores, 1995; e outros.

ÍNDICE

Fina filigrana: a arte de plasmar a palavra – À guisa de prefácio 7

POEMAS 13

Mal de amor 15
[Trazias dentro de ti] 17
[As tramas reptícias do desejo.] 18
[Caminho sobre formas circulares,] 19
[A fria dissonância das vogais.] 20
[Fomes inúteis,] 21
[Sinto-me preso] 22
[Pássaros de olhos negros,] 23
[A teus medos] 24
[O sono cintilante da manhã] 25
[Um sol que me arrebata] 26

Meridiano Celeste 27
Sâdî 29
Hospital Santa Cruz (fragmento) 30
Rûmî 33

Sphera 35
A *Ibn 'Arabi* 37
Averróis 38
O Boieiro e os Cães 39

Clio 63
Deli 65
Camões 66
Contraste 67
Muitas 68
Confissão 69

Mar Mussa 71
Morte ritual 73
Luz sobre luz.. 74
Canção 75
Abuna 76
Sabaoth... 77
Diário 78
Aramaico 79
Deir Mar Mussa 80
Éfeso.. 81

Hinos Matemáticos 83
Canteiros 85
Busca de ouro 86
Lendo Hadamard 87
Cantor 88
Transfinito 89
$\sqrt{2}$ 90

Bestiário 91
Gato... 93
Girafa... 94
Elefante 95
Uirapuru.. 96
Hipupiara 97
Jararaca 98
Hipopótamo 99
Boi 100
Jacaré 101
Leão 102
Águia 103

Leila 105
[... mas, Leila, esta sede] 107

Alma Vênus 109
Ghimel 111
A superfície do não 113
A Jorge de Lima 116
A quarta parede 118
Ubi es, vita 119
Leonardo 120
Machina Dei 121
Cantiga de amor 122
As Plêiades 123

Bizâncio 125
A chama da espera 127
A memória do anjo 130

Sonetos marinistas 133
[Deh, qual furente nume sì rubella] 134
[La notte è chiara e di soavi accenti] 136
[Sotto i nembi d'amor, pe' campi d'oro,] 138
[Cinzia, non indugiar, già soffia 'l vento,] 140

Nota 142

Faces da Utopia: visitações 143
– *Rûmî* 145
   [Sentados no palácio duas figuras,] 145
   [Morrei, morrei, de tanto amor morrei,] 146
   [Moro na transparência desses olhos,] 147
– *Joachim du Bellay* 148
   [Sacros montes, e vós santas ruínas,] 148
   [Astros cruéis, e deuses desumanos,] 149
– *San Juan de La Cruz* 150
   Noite escura 150
   Descuido do distraído viver a quem a morte chega inesperada 152
   A Roma sepultada em suas ruínas 153
– *Angelus Silesius* 154
   Devemos ser um 154

Um coração escuro não enxerga 154
Como tudo abandonar de uma só vez 154
Há milhares de sóis 155
– *Trakl* 156
Crepúsculo de inverno 156
As ratazanas 157
– *Vielimir Khliébnikov* 158
[Meninas, aquelas que passam,] 158
Eu e a Rússia... 159
[Dostoievismodenuvemfugaz!] 160
[Eu vos contemplo, ó números!,] 161
[– Um Gul Mulá.] 162
– *Marin Mincu* 163
Eu me admiro da mão que escreve... 163

Notas 167

Al-Maʻarrī: vestígios **169**
[De um nada] 171
[Quem considera] 171
[Uivam à noite] 171
[A terra] 171
[Inseparáveis caminham] 171
[A pomba delicada] 171
[Não há mais] 172
[Remédio] 172
[Se a noite] 172
[Os homens] 172
[Não impressione] 172
[Minha vida] 172

Bibliografia de Marco Lucchesi publicada no país e no exterior....173

Bibliografia sobre o autor **181**

Sobre o autor **183**